A partnership between American Library Association
and FINRA Investor Education Foundation

FINRA is proud to support the American Library Association

La historia del dinero

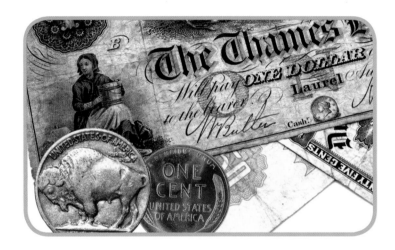

Por Dana Meachen Rau

Especialista de lectura: Susan Nations, M.Ed., autora/profesora de lectura/consultora

Gareth Stevens
Publishing

Please visit our Web site www.garethstevens.com. For a free color catalog of all our high-quality books, call toll free 1-800-542-2595 or fax 1-877-542-2596.

Catalogin Data

Rau, Dana Meachen, 1971–
 The history of money / La historia del dinero. by Dana Meachen Rau.
  p. cm. — (Money and banks)
 Includes bibliographical references and index.
 ISBN: 978-1-4339-3715-6 (pbk.)
 ISBN: 978-1-4339-3716-3 (6-pack)
 ISBN: 978-1-4339-3714-9 (library binding)
————1. Money—History—Juvenile literature. 2. Spanish Language materials I. Title. II. Series.

New edition published 2010 by
Gareth Stevens Publishing
111 East 14th Street, Suite 349
New York, NY 10003

New text and images this edition copyright © 2010 Gareth Stevens Publishing

Original edition published 2006 by Weekly Reader® Books
An imprint of Gareth Stevens Publishing
Original edition text and images copyright © 2006 Gareth Stevens Publishing

Art direction: Haley Harasymiw, Tammy West
Page layout: Michael Flynn, Dave Kowalski
Editorial direction: Kerri O'Donnell, Barbara Kiely Miller
Spanish translation: Eduardo Alamán

Photo credits: Cover, pp. 1, 4, 12, 14, 19 © Shutterstock.com; pp. 5, 9, 14, 15 © North Wind Picture Archives; p. 6 © Charles Napier/The Bridgeman Art Library/Getty Images; p. 7 © Nancy Carter/ North Wind Picture Archives; p. 8 © McGraw/Getty Images; pp. 10, 13 courtesy of American Numismatic Association's Money Museum, Colorado Springs, Colorado; pp. 11, 17, 18 Diane Laska-Swanke; p. 12 ARS/USDA; p. 16 courtesy of Foster Swanke.

Printed in the United States of America

CPSIA compliance information: Batch #WW10GS: For further information contact Gareth Stevens, New York, New York at 1-800-542-2595.

Contenido

Las palabras en **negrita** aparecen en el glosario

Haciendo un intercambio

Todos los días usamos dinero para comprar cosas. Comprar es un intercambio, un comercio. Comerciar significa darle algo a alguien que lo necesita. A cambio, te dan algo que tú necesitas. Cuando compras un libro, le das dinero al empleado. Entonces, el empleado te da el libro.

Cuando compras algo, debes cambiar dinero por lo que quieres comprar.

Otra palabra para hablar de comercio es **trocar**. Hace muchos años no se usaba el dinero. La gente hacía trueques para obtener lo que necesitaba.

Los nativos americanos y los colonos realizaban muchos trueques. Trocaban pieles, herramientas y alimentos.

Hablemos de los antiguos pescadores. ¿Te imaginas lo que necesitaban para hacer su trabajo? Necesitaban barcos y redes. ¿Cómo crees que los pescadores conseguían estas cosas?

Los pescadores necesitaban del equipo adecuado para pescar.

Hace muchos años, se usaban piedras y rocas como herramientas. Además se usaban rocas para moler maíz.

Otra persona en la **villa** del pescador podía hacer herramientas. Este trabajador pasaba sus días recolectando madera y piedras para hacer sus herramientas. Imagina que el trabajador tenía una familia. ¿Cómo te imaginas que el trabajador conseguía comida para alimentar a su familia?

Entonces, el pescador y el trabajador realizaban un trueque. El pescador le daba al trabajador pescado para su familia. A cambio, el trabajador le hacía una red al pescador. Quizá, el constructor de barcos vivía en la villa. Entonces el pescador intercambiaba pescados por un barco.

En algunos lugares, aún se usan costales de grano para comerciar.

¡Tantas cosas!

¿Qué pasaría si todos en la villa fabricaran lo mismo? ¿Qué pasaría si nadie tuviese lo que otras personas necesitan? ¿Cómo se harían los trueques? Bueno, en ocasiones trocar causaba problemas.

A veces, la gente tenía que decidir si quería comerciar con lo que otros tenían.

Los nativos americanos ponian cuentas, a las que llamaban *wampum*, en cordeles. Algunos colonos usaban *wampums* como moneda para comerciar con los nativos americanos.

El dinero resolvió estos problemas. La gente acordó usar como dinero algo que tenía valor para su comunidad. Algunas comunidades usaban ganado. Otras usaban conchas de mar y, algunas más, usaban semillas como forma de dinero.

Las conchas de mar fueron uno de las primeros tipos de moneda. En lugares como África, Tailandia y China, la gente usaba pequeñas conchas como moneda. Las conchas cabían muy bien en los bolsillos. A veces, se ataban en un cordel para llevarlas de una villa a otra.

Pequeñas conchas de mar, como éstas, son fáciles de transportar.

En México, la gente comerciaba usando semillas de **cacao**. Las semillas también se usaban para hacer una bebida muy popular. Las semillas de cacao son el ingrediente principal para hacer chocolate.

Las semillas de cacao crecen dentro del fruto del árbol de cacao.

La gente comenzó a viajar a nuevas tierras y a mudarse a nuevos lugares. La gente acordó que los metales como el oro, la plata y otros más, tenían mucho **valor**. Así fue como se comenzaron a usar los metales como dinero.

Esta antígua moneda china está hecha de metal. La moneda fue fabricada en forma de una llave o cuchillo.

En todo el mundo se comenzaron a hacer monedas de oro, plata y otros metales. En ellas se estamparon imágenes de reyes, reinas, dioses o animales. Algunos países ponían orificios en sus monedas. Así, la gente podía ponerlas en un cordón para contarlas o transportarlas. Las primeras monedas se hicieron hace dos o tres mil años en lo que hoy es Turquía.

Los antiguos griegos tenían monedas con imágenes.

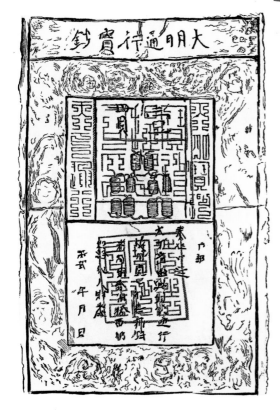

Ésta, una de las primeras formas de papel moneda, viene de China.

Pronto, la gente quiso tener sus monedas en un lugar seguro. Estos dejaban sus monedas con los **comerciantes**. A cambio, los comerciantes les daban un **recibo**. Un recibo era un pedazo de papel que tenía escrita la cantidad de monedas que le daban al comerciante. Las personas podían gastar los recibos en otras tiendas, como si fuese dinero. Estos recibos se convirtieron en el primer papel moneda, o billetes.

Actualmente, la gente en todo el mundo usa muchos tipos de monedas. Al tipo de moneda que se usa en un país se le llama **divisa**. Las divisas pueden ser monedas o billetes.

Las divisas en distintas partes del mundo son diferentes.

La divisa de los Estados Unidos es el dólar. El gobierno hace dólares de varios tipos. Los billetes se hacen de muchas cantidades distintas. Las monedas son partes más pequeñas del dólar, llamadas centavos. Imágenes de estadounidenses famosos aparecen tanto en las monedas como en los billetes.

La divisa de los Estados Unidos es el dólar.

17

La divisa de Canadá es el dólar canadiense. En México se usan pesos. Las divisas de Canadá y México también tienen imágenes de personajes famosos. El dinero en estos países tiene muchos colores. Los billetes pueden ser azules, morados, verdes o de color marrón.

En Canadá, el billete de cinco dólares muestra niños jugando al hockey sobre hielo. El billete de cincuenta pesos de México tiene una imagen de unos pescadores.

Tú puedes usar billetes o monedas para comprar libros o juguetes. Ambos caben en tus bolsillos. ¡Es mucho más fácil usar papel moneda y monedas que un costal de grano o una canasta de pescado!

Es muy sencillo comerciar con el dinero que usamos en la actualidad.

Usa esta gráfica para contestar las preguntas de la página 21.

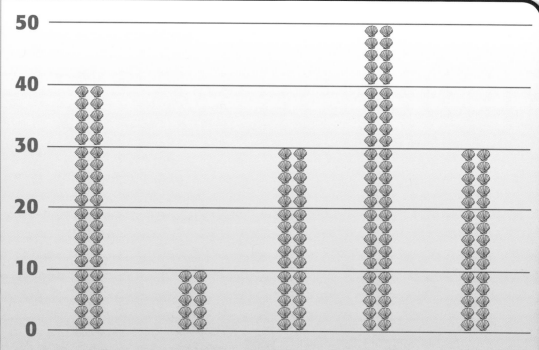

50

40

30

20

10

0

un pescado   una canasta   un tazón   una gallina   un collar

1. ¿Cuál de estos objetos cuesta más conchas?

2. ¿Cuál cuesta menos conchas?

3. ¿Cuál podrías comprar con treinta conchas?

4. ¿Cuántos objetos podrías comprar con cien conchas?

Respuestas en la página 23.

Glosario

cacao (el) el fruto del árbol del mismo nombre cuyas semillas se usan para hacer chocolate

comerciante (el/la) persona que se encarga de comprar y vender cosas

divisa (la) el tipo de dinero que se usa en un país

recibos (los) papeles en los que se escribe cuánto dinero se ha pagado y qué se ha comprado

trueque (el) intercambiar algo sin usar dinero

valor (el) precio de una cosa

villa (la) una comunidad de gente que vive en un lugar pequeño, más pequeño que un pueblo

Más información

Libros

Endres, Hollie J. *¿Cuánto dinero?* Capstone Press, 2006

Hall, Margaret. *Dinero: Ganar, ahorrar, gastar / Earning, Saving, Spending.* Heinemann-Raintree, 2008

Ring, Susan. *Matemáticas y dinero.* Capstone Press, 2005

En Internet

The History of Money
Library.thinkquest.org/28718/history.html
A simple timeline of money and how it has changed

Money Farm
wttw.com/moneyfarm/lessons/history.html
Lessons and quizzes about the history of money and other interesting money topics

Nota de la editorial a los padres y educadores: Nuestros editores han revisado con cuidado las páginas en Internet para asegurarse de que son apropiadas para niños. Sin embargo, muchas páginas en Internet cambian con frecuencia, y no podemos garantizar que sus contenidos futuros sigan conservando nuestros elevados estándares de calidad y de interés educativo. Tengan en cuenta que los niños deben ser supervisados atentamente siempre que accedan a Internet.

Respuestas a la Conexión matemática: 1. una gallina 2. una canasta 3. un tazón, un collar o tres canastas. 4. tres

Índice

Acerca de la autora

Dana Meachen Rau es escritora, editora e ilustradora. Dana ha escrito más de cien libros para niños en diferentes niveles. Dana vive con su familia en Burlington, Connecticut.